LETTRE
DE POLICHINELLE,

A SES COMPÈRES

DU COMITÉ DES FINANCES,

OFFRANT un moyen sûr de rembourser les assignats et de libérer l'État, sans bourse délier.

COMPÈRES,

IL m'est venu une bonne idée, bonne, bonne, ma foi. Une bonne idée est un tribut que celui qui l'a conçue doit à sa patrie ; et pour une dette comme celle-là, Polichinelle ne se fait pas tirer l'oreille. Je ne sais comment, ces jours derniers, l'envie me prit de raisonner sur les finances ; j'y rêvai très-profondément. J'ai ruminé, ruminé, dam ! fallait voir ; enfin je me suis arrêté à un plan que je me hâte de vous présenter. Que voulez-vous ? il faut s'occuper à quelque chose. Polichinelle a perdu ses pratiques. Les mamans, les petites filles, toutes ces bonnes gens que j'amusais toute la journée, depuis long-temps ne

A

pensent plus à moi. Il y a quelques mois, ils allaient voir guillotiner ; c'était tous les jours nouveau spectacle, nouvelle fête. Maintenant on est le matin à la section ou à la queue : le soir on a de gros assignats en poche. On veut connaître la comédie, même l'opéra ; et on va gauchement étaler en loge, les longs pendans d'oreille, la cornette de dentelle et le fin deshabillé qui court après la mode, sans l'attraper jamais. Bonnes gens! bonnes gens! où est le temps où vous vous pressiez autour de moi; où je vous faisais rire au cœur-joie et à si bon marché? Depuis que vous m'avez abandonné, êtes-vous plus heureux et de meilleur humeur? êtes-vous plus sages? retournez-vous à vos travaux avec plus de courage, et l'esprit plus content? Mais bon soir. Vous vous passez de moi, je trouverai bien le moyen de me passer de vous.

Ainsi Polichinelle, sans occupation et sans le sou, raisonne sur les finances; et rien de plus juste, rien de plus philosophique; car, avoir l'idée de grands trésors, calculer à force, et les millions et les milliards, n'est-ce pas le moyen sûr d'oublier qu'on aurait bien besoin d'un écu? Je reviens. —

Compères, vous êtes bien embarrassés, n'est-ce pas? Voilà ce que c'est que de dépenser toujours, sans compter. Enfin finale, il faut toujours en venir là. Mordez - vous

(3)

donc les doigts, messieurs les étourdis ; au surplus, vous avouez vos torts de si bonne foi, qu'en vérité je me reprocherais de vous gronder encore. Mais n'y revenez plus, --- entendez-vous, n'y revenez plus. Raisonnons donc et comptons.

En vérité, j'étouffe de rire, en voyant tous vos grands efforts d'esprit, toutes ces idées creuses, et vos quatorze projets, qui vont tout remettre à flot ; et ces milliards que vous additionnez...... Vas-t'en voir s'ils viennent !

Compères, votre addition et vos projets, vraie bouillie pour les chats. Tenez, Polichinelle n'entend pas les affaires ; voilà mon compte, à moi : il vous reste *net*, sept milliards, dites-vous ; eh bien ! votre déficit de Germinal était de 660 millions : comme les denrées et les marchandises augmentent tous les dix jours (c'est la règle), et qu'on ne vous fera pas meilleur marché qu'aux autres, comptez un milliard pour chacun des mois suivans, l'un portant l'autre. En sept mois, je vois votre saint-fruscain flambé ; et après,..... Au bout du fossé, la culbute.

He! mon cher Polichinelle, comment donc ferons-nous, comment ferons-nous? C'est donc à mon tour à présenter un plan. Point de découragement, et attention, s'il vous plaît.

Polichinelle n'est pas un homme ordi-
naire, et vous allez en voir la preuve.
Tout ce qui s'est passé devant nos yeux,
depuis trois ans, est original et sans exemple
dans l'histoire des nations. N'allons donc
pas, dans un état de choses aussi étrange,
employer des ressources communes et des
moyens usés et rebattus. On vous parle
d'économie, de régularité, d'ordre stable,
de fixation de dépenses, quand nous sommes
entourés d'ennemis ; quand mille et mille
chances également à craindre, peuvent, au
premier moment, déranger la moindre
combinaison. Idées étroites, que tout cela !
paroles vaines, graine de niais, papier
noirci, et voilà tout ! Moi je dis mieux.
Dépensons, dépensons, morbleu ! Je ne
veux pas qu'on jette précisément les assignats
par la fenêtre ; mais je veux vous ôter toute
crainte pour l'avenir, et vous rassurer
pleinement, quand vous en émettriez pour
des millions de milliards. Plus vous irez bon
train à cet égard, plutôt vous serez libérés.
Voilà en somme, l'avis de Polichinelle ;
mais avant de juger, laissez-le s'expliquer.

Parlons franchement, compères. S'il est
vrai de dire que six livres en assignats ne
représentent guères actuellement la valeur
numérique d'un de nos gros écu, il est très-
vrai aussi que ce gros écu n'est pas une
représentation plus fidelle de six livres

pesant de ce métal blanc qui nous rend tous fous. D'où vient cela ? Si je me souviens bien de mes lectures, c'est d'une part, l'effet de l'altération que nos rois très-chrétiens se sont permis successivement dans la fabrication des monnaies ; et d'autre part, celui des montagnes d'or et d'argent, que depuis deux cents ans on est venu nous apporter pièce à pièce ; et c'est ainsi que ce qui étoit jadis la valeur d'un bel et bon héritage, n'est aujourd'hui que celle d'une paire de sabots, tout au plus. Mais prenez bien garde ! on s'accoutume à tout ; et quand, en 1789, un homme qui vous devait, de père en fils, une rente de six livres pour le prix d'un joli château, vous donnait un écu, vous ne le traitiez pas de banqueroutier, et vous ne l'accusiez pas de ne pas payer les dettes de son père. Par une pente insensible, on en étoit venu au point de ne plus attacher aux mêmes mots les mêmes idées. Ce qu'il y a de sûr, c'est que, quelle que fût, il y a six ou sept cents ans, la valeur de vingt sous, je ne m'en inquiétais guères ; et quand j'en avais gagné quarante dans ma soirée sur le boulevard, je savais bien à quoi m'en tenir sur leur valeur ; je m'en promettais un bon souper, et voilà tout.

Aujourd'hui 25 floréal, an troisième de la république, l'an 1789 nous est éloigné

de six cents ans, et à plus d'un égard.
Les paquets d'assignats ont fait ce que les
mines d'or et d'argent avaient fait auparavant, mais avec cette petite différence :
Pérou était le Pérou, au lieu que vos
assignats, ce n'est pas le Pérou, compères,
convenez-en ; et c'est pour cela que l'augmentation de prix dans tout ce qui se vend et
s'achète, s'est faite bien plus rapidement.

C'est ici que Polichinelle vous demande
plus d'attention. Mon idée est neuve, simple, claire, j'en suis enchanté ! Si cette
augmentation nouvelle eût été aussi lente,
aussi insensible que le fut la première, on
ne s'en serait nullement aperçu. Quelques
savans, quelques lecteurs de vieilles chro-
niques auraient pu sur cela philosopher à
leur aise ; mais Polichinelle, mais un bon
et brave ouvrier, recevant le soir l'assignat
de vingt-cinq livres, ne se serait pas en-
quis du temps où il eût reçu, pour le même
travail, la pièce de vingt-quatre sous. Voilà
qui est clair, indubitable et prouvé par
le fait.

Pourquoi donc ce changement nous
affecte-t-il ? c'est parce qu'il est un peu
brusque ; c'est parce que ce qui s'opérait
en cinq ou six générations, est aujour-
d'hui l'ouvrage de quinze jours ; et cependant (ô admirable disposition de l'homme
à se conformer aux événemens !), nous

voyons que les idées ont suivi, sans grand effort, le cours naturel des choses. L'assignat de cinq livres se gagne, se dépense, comme il y a cinq ans, la pièce de six sous ; même proportion pour les assignats plus gros; et tout n'en va guères plus mal. Quelques bonnes gens criaillent , mais d'autres cris plus forts les assourdissent, et on passe par là-dessus.

Hé bien ! compères, mettons à profit cette heureuse disposition de notre espèce, et voyez bien où je veux vous conduire, en vous disant : dépensez, dépensez ! Qu'importe les mots que la langue prononce, dès lors que personne ne s'abuse sur leur signification ! Que m'importe, à moi, qu'on m'appelle Johannot au lieu de Polichinelle, si par Johannot, mes braves compères entendent toujours un bon vivant, franc, loyal et de bonne humeur, tel que je suis enfin ; et si Polichinelle devient le nom d'un cerveau creux, d'un pauvre homme qui raisonne sur ce qu'il n'entend point. De même, quand j'ai gagné de quoi vider une bouteille avec mon compère, que m'importe que le prix de la bouteille soit **A**, soit **B**, soit six sous ou cinquante francs, dès lors que je ne travaille pas plus pour cinquante francs, que je n'eusse travaillé pour six sous.

Ainsi, je vous mets bien à votre aise,

voyez-vous ! Vous avez fait pour huit milliards d'assignats ; continuez d'en faire : point de relâche. De là au dernier terme, il y a encore du chemin ; mais voici ce qu'il est raisonnable de prévoir.

Dabord, si les mots *obole* et *denier* n'étaient plus d'aucun usage en 1789 (et nous savons pourquoi), par la même raison, le mot *sou*, et même celui de *livre*, pourront disparaître de notre langue, comme n'ayant pas d'application ; car, je vous le demande, que serait actuellement un assignat d'un sou ? que sera, dans quelque temps, celui d'une livre ; et plus loin encore, que sera celui de dix, de vingt-cinq ? Agrandissons nos idées, et portons-nous un peu loin dans l'avenir, car votre marche, quoique rapide, est encore trop lente pour un esprit actif comme le mien. Ammenez-nous, le plutôt possible, à l'époque où la même monnoie, l'équivalent du gros sou, par exemple, sera un petit assignat de cent francs. — (J'aime ce mot *franc* : il me paraît tout drôle, comme expression monétaire.) D'un autre côté, observons aussi que si notre langue perd les mots *sou* et *livre*, il nous faut l'enrichir de mots nouveaux pour les grosses sommes. Nos pères ne connaissaient pas les *milliards* : les pauvres gens 'y seraient perdus ; mais ce beau mot ne plus nous suffire. Nous n'avons pas adopté les mots *billons*, *trillons*, *qua-drillons*, que j'ai lus autrefois dans un livre d'arithmétique; dirons-nous *billiard*, *trilliard*, *quadrilliard*; et puis après, resterons-nous court? Non non! compères, pour mille milliards, quand nous en serons là, s'il plaît à Dieu, disons MILLIASSE. Oh! que j'aime ce mot *milliasse*! comme il est expressif! comme la terminaison en est riche! C'est l'augmentatif par excellence; et Polichinelle s'en sert quelque fois dans ses goguettes. Oh! il nous faut adopter ce mot. Y aura-t-il rien de plus joli que mille milliasses, cent mille milliasses, dix-neuf cent quatre-vingt-dix-neuf mille milliasses? Voyez comme ce sera commode. Nous aurons de petits assignats de cent francs, n'est-ce pas? Vos plus forts ne sont actuellement que de dix mille francs. Vous en ferez de cent mille francs, cinq cent mille francs et un million; enfin, si le besoin l'exige, point de préjugés, compères, faites-nous-en de dix, de cent millions et d'un milliard : ici vous pouvez arrêter. Passe encore, si pour plus grande commodité, on vous en demandait de cinquante et de cent milliards; mais pas plus loin, compères, ce serait une imprudence d'aller jusqu'au milliasse : on pourrait craindre un trop grand avilissement, et il en résulterait des abus.

Eh bien ! un peu de philosophie ici. Qu'a cette perspective de si désagréable ? Citoyenne, combien ce navet, ce numéro de Fréron, ce bâton de sucre d'orge ? — Cent francs, citoyen. — La langue n'y perd rien : ce n'est pas plus long à prononcer qu'un *sou*. — Voisin, combien vous coûte cet habit d'uniforme ? — Voisin, c'est une occasion ; il ne me revient qu'à quinze cent mille francs : je parie que chez le marchand, je ne l'aurais pas eu pour trois millions. Hé bien ! têtes creuses, grands spéculateurs en finance, que trouvez-vous de plus simple ? Les mots sont changés et voilà tout. La langue même y a gagné du côté de l'harmonie.

Je vous entends, je vous entends, compères. Je pressens l'objection que allez me faire. J'y vais répondre d'avance, de manière à ne rien laisser à désirer. — Il faut bien que cela ait un terme : on ne peut pas se condamner à n'avoir éternellement que du papier pour monnoie ; il faudra bien y substituer une valeur réelle. On finira par se gausser de nous.. .. Oh ! que Polichinelle ne se laisse pas ainsi surprendre ! Tout est combiné, tout est prévu dans mon plan ; et Dieu merci, j'ai réponse à tout.

Eh ! ne voyez-vous pas où j'en veux venir, compères ? Mon moyen sûr pour vous tirer d'affaire, n'est qu'une suite nécessaire de tout ce que je viens de dire, et je vous conduis naturellement. Je vous disais tout à l'heure que, par la plus heureuse disposition, nous ne tardions pas à attacher à une monnaie, telle nom qu'on lui puisse donner, l'idée juste de sa valeur réelle, qu'elle fût *sou* ou *livre*, on ne s'y méprenait pas, et qu'au fond le nom ne faisait rien à l'affaire. Eh bien ! nigauds, y êtes vous, maintenant ? N'est-ce pas tout simple ? Une fois bien familiarisés avec l'usage d'appeler *cent francs* ce qu'on appelait *un sou* quelques années auparavant; *mille francs* ce qui était *dix sous*; *dix mille francs* ce qui était *cent sous* ou *cinq livres*, eh ! qui vous empêchera, compères, revêtus de toute la puissance nationale, qui vous empêchera de remettre en vogue toutes les anciennes dénominations. Ordonnez alors que cent francs s'appelleront un sou, mille francs, dix sous, etc., nous y serons tous portés d'avance. Vous ne ferez pas le moindre tort au propriétaire du petit assignat de cent francs, qui ne s'abusait pas sur sa valeur, qui l'avait reçu comme son père recevait un sou, et qui sera peut-être content de revenir au langage de son cher père ou grand père ; car enfin, je ne fixe aucun temps pour cette heureuse révolution que vous reculerez autant que vous le voudrez ou que vous le pourrez. Quand vous y serez, qu'aurez-vous à faire ? Échanger des gros sous contre autant de cent francs ; un écu de six livres, contre douze assignats de mille francs : est-il rien de plus aisé ? Vous offrirez cet échange à tous les citoyens, vous les y contraindrez même pour le bien de l'État ; mais pour le coup, compères, point d'escobarderie ici. Oh ! tenez, Polichinelle a de la bonne foi, et là-dessus n'entend pas raison. Si je vous parle d'un échange ; c'est un échange réel, non pas de papier contre du papier, mais de votre papier contre de vrais gros sous, de vrais écus sonnans. En conscience, compères, vous n'aurez pas à vous plaindre du marché.

Avez-vous quelque chose à redire à ce plan de finance, compères ? Vous doutiez-vous que ce fût si simple. Voilà cependant ce que c'est, que de s'emberlificoter l'esprit d'un tas d'idées et de combinaisons baroques, qui ne servent qu'à obscurcir ce qui est si clair.

Je sais bien que le projet le mieux conçu trouvera toujours des gens prêts à contredire. Par exemple, quelque bonne ame, de ces gens qui n'y voient pas plus loin que le nez, me diront peut-être : « Polichinelle, ton plan peut être bon, par rapport à nous : passe encore s'il n'y avait que nous dans le monde ; mais les étrangers, qui conservent leur monnaie, comment t'arranges-tu avec eux ? Déjà maintenant avec nos millions d'assignats, ils nous envoient promener ; et quand nous compterons par milliasses . . . . » Imbécile, penses-tu à ce que tu dis là : vas, sois tranquille et ne t'inquiètes pas des étrangers. Dabord, ce que tu dis là ne serait vrai que pour tout le temps de la guerre : mais quelques-uns parmi eux, ont déjà fait la paix avec nous ; les autres, s'ils ne l'ont pas déjà faite à la sourdine, ils vont la faire, ça c'est sûr. Or, tu sais bien qu'en temps de paix, nous vendons plus que nous n'achetons. S'ils nous apportent du blé, du poivre et de la laine, nous leur donnons, nous, d'excellent vin et des fontanges. — Partant quitte, il n'y a pas besoin d'argent pour cela. Eh quoi donc ! n'avons-nous pas encore plus de numéraire qu'il n'en faut, et bien de quoi voir venir ? Comptes-tu donc pour rien les ornemens des églises, ces calices, et toute cette dépouille du ci-devant bon Dieu ? Et l'argenterie des aristocrates, qu'en dis-tu ? tous ces diamans, ces bijoux ? Dis à Cambon qu'il te fasse entr'ouvrir seulement notre caisse à trois cies, et tu verras. Et puis, voyez donc la belle affaire ! Je suppose que quelque jour il arrive que nous n'ayons plus assez de numéraire,

soit pour rembourser les futurs milliasses,
soit pour continuer la guerre, si elle dure
encore, je t'en vas trouver, moi, dans
une ressource à laquelle tu ne penses pas,
et plus qu'il n'en faudra jamais. Tu as vu
qu'on nous a apporté de la Belgique, une
quantité de vieux tableaux, noirs comme
des solives de ma chambre : nous en avions
déjà beaucoup de ce genre-là, avec un tas
de morceaux de charbon et de cailloux de
toute couleur, qu'on renferme soigneuse-
ment sous de grands verres. On estime
cela des millions; je le veux bien, moi. On
est curieux de le garder; *benè sit ;* mais ma
foi, bien fou serait celui qui mourrait de
faim au milieu de tant de belles choses,
quand il pourrait s'en servir pour remplir
sa bedaine. Eh bien! aurions-nous par ha-
sard besoin d'un ou deux millions sonnans,
pour rembourser, comme je l'ai dit, nos
milliasses de papier? eh! les voilà tout trou-
vés : n'ais-je pas raison encore?

Enfin, compères, pour plus grande as-
surance, vous venez de rendre deux décrets
qui comptent, morbleu, l'un sur la liberté
de la presse, l'autre sur les délits emportant
confiscation. Espérons donc que, d'ici là,
il nous viendra encore de bonnes aubaines,
de ces bonnes successions d'aristocrates,
bien cossus, qui nous laisseront encore leur
or et leurs bijoux, ou d'écrivains qu'on

pourra convaincre aisément de royalisme, et dont nous vendrons les manuscrits bien cher.

Il est temps de finir. Il y a long-temps que Polichinelle en a tant écrit. Adieu, compères, réfléchissez bien sur mon plan ; et vous l'adopterez sans doute ; ou plutôt, ne réfléchissez pas, puisque cela entre dans mon plan même ; je le répète, dépensez, dépensez et allez votre train sans souci. Peut-on rien vous offrir de plus facile et de plus exécutable ? Assurément on ne reprochera pas à Polichinelle, que ses principes en finance sont compliqués et difficiles à saisir : au surplus, j'ai fait mon devoir de bon citoyen. Vous tenez la queue de la poële, faites votre affaire et je m'en lave les mains. Adieu compères, et au revoir.

MALÔ CLOUD POLICHINELLE.

A PARIS,

CHEZ LES MARCHANDS DE NOUVEAUTÉS.